하늘 별자리 정원사

하늘 별자리 정원사

주경림 시집

불교문예

■ 시인의 말

울퉁불퉁 제멋대로 생긴 돌 위에
모란이 피고 연밥이 달린다
숭숭 뚫린 눈구멍을 슬쩍 감아 주면
공작새, 원앙이 사랑을 나눈다

태점 찍고 푸른 이끼 깐 무대에서
모두가 주인공,
오래오래 빛나고 행복하여라

꽃 지고 새는 날아가도
다시 꿈꿀 수 있는 자리,
괴석 한 덩이 마음에 들여 놓는다

2026년 봄
주경림

차례

2부 십인십색

3부 푸른 하늘 은하까지

4부 흰모란꽃 종소리

5부 부처님 주사위

1부

한 가닥 연분홍 꽃봉오리

태엽이 천천히 풀리는 시계, 꽃마리

발밑을 보면
아주 쪼그맣게 피는 꽃, 꽃마리

꽃이삭 태엽이 풀리면서 꽃잎이 천천히 펴져요
펴지면 꽃이삭 안쪽이 새롭게 말려
다시 꽃잎이 펴지면서 또 말리고
봄부터 가을까지 계속 피어나요

옅은 하늘빛, 작은 얼굴이니
벌, 나비가 찾아오지 못할까 봐
꽃잎 속에 좀생이별 하나 숨겨 놓았어요

시들 힘조차 없어 계속 말려들면서 피어나요

무릎 꿇고 실눈을 뜨면
꽃마리가 마음 가득 피어나요
나를 닮은 꽃마리,
시간을 조금씩 풀어 쓸 줄 알아요

깨끗한 발

배롱나무 둥치에 걸려있는 매미옷 한 벌,

튀어나온 눈, 짧은 더듬이, 둥근 머리
꽁지의 주름까지
가느다란 다리, 발, 발톱까지 속속들이 다 벗었다

단추도 지퍼도 없는 옷을 벗으려니
등을 찢을 수밖에,
혼자서 제의祭儀를 치르고 어둠과 결별했다

등을 찢고 얻은 날개도 귀하지만
흙 속을 기어다니던 발을 벗고
하늘로 올랐을 매미의 깨끗한 발을 생각하면
매미의 울음소리는 시원한 소나기 한줄기,

소나기에 푹 젖어버린 내 헌 옷도 한 벌 한 벌 벗는다

불가사리 꽃자리

5월인데 벌써 모란꽃은 다 져버렸네

꽃자리마다
불가사리 모양의 씨방이 달려 있네
열어보고 싶었지만
이음새가 단단히 봉해져 있었네

불가사리 씨방은
무더운 여름 속에 오각형별로 야무지게 익어 갔네
모란꽃 별자리로 밤하늘에 뜨려나,
나는 그 별빛 사연이 궁금해져
다시 달려가 보았네

싱싱했던 초록별은 잿빛으로 타버려
불가사리 씨방만 남았네
이음새가 터져 까만 씨앗 사연들은
죄다 흩어져 땅에 떨어지고
빈 껍질만 쭈글쭈글 걸려 있네

그렇게 남김없이 비우려고
긴 장마와 땡볕을 견디며 단단해진 것일세
여름 끝자락이 되어서야
모란꽃 꽃자리의 빈 손바닥 편지를 읽을 수 있었네

봄밤 하늘 정원사

구름 적은 그믐날 새벽,
하늘 흑판에
솔방울 달린 지팡이로 별자리를 새로 그린다

좀생이별들을 한데 묶어 안개꽃 별자리
남북으로 흐르는 은하수 주위를 크게 둘러쳐
안개꽃 별자리
북쪽 하늘의 붙박이별, 북극성은 함박꽃 별자리
큰곰자리 작은곰자리를 합쳐 황매산 철쭉 별자리
사자자리의 1등성 레굴루스별은 목련꽃 별자리
목동자리 처녀자리를 넓혀
수천 송이 만개한 벚꽃 동산 별자리를 그린다

꿈이었나,
꽃들은 일제히 타올랐다 이내 스러졌고
별들도 다 숨어버렸다
밤하늘에는 마른 솔방울 몇 개 굴러다닌다

매화꽃 발자국

방바닥에 매화꽃이 화르르
누가 꽃무늬 떡살을 덜 굳은 시멘트에 찍었을까
미장 공사한 방바닥에
다섯 장 꽃잎이 꼭꼭 찍혀 있다

살짝 다녀간 호기심 많은 우리 강아지
시침 뚝 떼고 앉아 있다

떠난 님의 발자국도
저리 꽃을 피우지는 못했는데
우리 강아지 걸음걸이마다 매화꽃이 피어났다

갈대 손, 복조리

바다는 보이지 않는데
바닷바람에 순천만 갈대가 춤을 춘다
금빛이 바래고 은빛도 삭아 누런 손,
허공에 주먹질을 한다
억울하고 답답해 주먹으로 내 가슴을 때렸듯이

바닷바람에 갈대가 누런 손으로
하늘에 걸린 구름 운판을 두드린다
시베리아에서 날아온 철새들이 월동 잘하라고,
목덜미만 하얀 흑두루미떼가 사뿐히 내려앉는다

바닷바람에 오그라든 누런 손은
설날 아침이면 대문 안에 던져놓았던 복조리
"복조리 사려"
만복을 긁어모아
순천만에 사는 모두에게 골고루 뿌려 준다

갈대의 손이

주먹질을 하다 구름 운판을 두드리고

복조리질을 한다

느티나무 상모돌리기

수령 500년 느티가 북서풍에 상모를 돌린다
우듬지가 하늘 빙판을 찔러 길을 뚫고
나무초리들을 흔들어 사잇길을 낸다

느티 가지 물채가 닿는 대로
은회색 하늘에 무수히 잔금이 간다

센 바람에 가지들은 미친 듯이 춤을 춘다
흑룡이 승천하려고
온몸을 뒤흔들며 신명으로 타오른다

바람이 가라앉으면 상모돌리기도 시들해져
둥치의 주름골만 깊어진다

우듬지에 찔린 하늘 빙판 부스러기
싸락눈으로 흩날린다
하늘로 오를 수 없는 느티에게 하늘이 내려온다

여기는 안전지대

노랑머리 오목눈이가 선인장 팔에 앉아있다
회색털 보송한 앞가슴을 내밀고
꽁지깃은 치켜올렸다

선인장은 가시를 살짝 벌려
작은 새를 품에 안았다
감히 오목눈이의 적이 다가오지 못하도록
삼엄한 경계를 펼쳐주고 있다

뾰족한 가시도 저렇게 부드러울 수 있다니,
오목눈이에게는 선인장 가시가
든든한 요새

아버지도 우리에게는 그런 분이셨다

엔젤피쉬 순애보

물고기도 자살한다?
사람은 물속으로 뛰어들지만
물고기는 물 밖으로 뛰쳐나온다

밤새 안녕이라더니,
엔젤피쉬 수컷이 마룻바닥에 나동그라져 있다
천사날개 지느러미로 어항을 폴짝 뛰어넘어
추락사한 것일까

실은, 어젯밤 암컷이 알을 낳으려고
어항 속 황호석에 올랐다
수컷이 그 주위를 돌며
긴 지느러미로 연신 부채질 해댔는데
그만, 산란관이 막혀 죽었다

혼자 남은 수컷은
특식 냉동 장구벌레도 본숭만숭,
한동안 물멍을 때리더니

그예 일을 저지르고 말았다

마음이야 찢어질 듯 아팠겠지만
잘 이겨냈으면 좋았을 것을,
나는 어항 밖이라 어쩔 수 없었다며
동생 때와 똑같은 말을 되풀이할 뿐

뻐꾹뻐꾹 뻐꾹채

뻐꾸기가 울면 피는 붉은 보라꽃, 뻐꾹채
와룡산 양지바른 풀밭에서 만났어요
뱁새의 둥지에 슬쩍 알을 밀어 넣고
제 자식을 제 손으로 길러보지 못하는 슬픔인가요

베이비 박스에 갓난아이를 버리고
멍든 가슴에서 가슴털을 한줌 뽑았어요
그 가슴털로 꽃의 밑동을 감싸 안고
울 아기 주먹만 한 꽃을 피워냈어요
저, 탐스러운 꽃송이가 뻐꾸기 눈물

수류탄 꼭지가 빠져 터져버린 발화,
뻐꾹뻐꾹, 애만 태우다
봄이 가요

불탄 모과나무

수억 볼트의 하늘 전류가 몸을 관통했다 무성했던 줄기의 절반을 잃었다 그렇지 않았더라면 태풍에 뿌리채 뽑혔을 것을,

벼락은 나무껍질 벗겨진 자리에 어룽더룽한 청갈색 구름무늬[雲汶狀]를 새겨주었다 애간장이 다 녹아내려 둥치는 시커먼 빈속, 어떤 풍설도 견딜 수 있는 블랙홀을 얻었다

때맞춰 분홍꽃 터지고 모과가 주렁주렁 열린다 호암미술관 수령 300년 모과나무를 연수목延壽木이라 부른다 벼락은 축복이었다

세한歲寒의 집에 수선화가 피었소

깨진 항아리를 덧대어 문을 단 초가에
수선화가 피었소
그늘에는 아직 잔설이 얼어붙어 있는데
늙은 소나무 발치에서 잣나무 푸른 그늘까지
황량한 들판에 수선화가 가득 피었소

젊은 시절에 아버지를 따라 연경에 갔다가
수선화를 보고 그 청순함에 반했소
옥쟁반에 금술잔, 금잔옥대金盞玉臺라고도 하더군
아버지가 선물로 받은 수선화를 달라고 졸라
청자화분에 담아 다산 정약용 선생에게 보내기도 했소

산과 들, 밭두둑에 흰 구름이 질펀하게 깔려
눈을 뜨면 수선화가 가득 밀려오는구려
소나 말에게 먹이고
짓밟거나 호미로 파내버리오
천덕꾸러기가 된 내 신세가 그와 같소

수선화에 위리안치되어

마른 붓에 진한 먹을 찍어 점점이 꽃송이를 그렸소

벼루 열 개가 밑창이 뚫리고

붓 천 자루가 몽당붓으로 닳고 닳더니

세한의 뜰에도 봄은 오고야 말더이다

제라늄 시론詩論

제라늄이 겨우내 베란다에서 잠자더니
봄볕 한 가닥에 실눈을 뜨고
누런 잎 사이로 연두 꽃봉오리를 내민다

꽃대를 길게 뽑아 올리며 두리번거리더니
연분홍을 살짝 머금는다

숨이 멎을 것 같다

빨간 불덩이 팡팡 터뜨리는 꽃집의 제라늄들과
나의 한 가닥 연분홍 꽃봉오리와 바꿀 수 있겠는가

"그대가 있어 행복이 있네"*

* 분홍 제라늄 꽃말.

2부

십인십색

"우리가 한때는 너희였고 너희는 곧 우리다"*

론 뮤익의 해골탑 〈매스〉와
휴대폰 사진찍기에 정신없는 관람객들이 마주본다

살이 벗겨진 해골 더미와
아직은 옷을 입고 있는 한 무리,
서로가 거울인데
다른 세계에 들어온 듯, 새삼 놀라워한다

산 자는 죽은 자를 딛고
위로 위로 향하며 해골탑을 쌓는다
꼭대기까지 오른 자도
한 무더기의 죽음으로 남을 뿐,

창문에서 하얀빛이 들어온다
빛줄기를 잡고
해골탑 〈매스〉의 기단부를 오르는 나를 향해
관람객들이 셀카를 누른다

* 로마 산타 마리아 델라 콘체치오네 성당 지하납골당에 새겨진 문구.

길 떠나는 이중섭 가족*

하늘에는 핏빛 구름,

아비는 황소 고삐를 느슨하게 쥐고
또 한손은 높이 들어 구름에게 길 안내를 부탁한다

소달구지에는 벌거벗은 두 아이와 어미가 타고 있다
소꼬리를 잡은 아이의 손에는 복사꽃가지가 들려 있다
비둘기에게 손을 뻗치는 아이,
그 아이 떨어질라 어미가 잡고 있다

"황소야, 너만 믿는다."
붉은 복사꽃가지 안장으로 호사한 황소는
끔벅끔벅 알아듣고 앞발을 우직하게 내딛는다
구름과 비둘기, 복사꽃과 함께 가는 길,
솥단지나 허름한 이불 보따리 하나 없어도
신명 나는 소풍길,

소달구지가 달그락달그락 황톳길을 굴러간다

* 이중섭, 〈길 떠나는 가족〉(1954).

빗방울 못자리

팔작지붕 먹구름 속에
빗방울 씨앗들이 그득하게 넘쳐
스르륵 씨오쟁이 주둥이가 풀어지며
허공 중에 먹물 씨앗이 뿌려진다

삐딱하게 섰거나 옆으로 누워
쉼표 마침표를 찍는다
흑임자 한 알, 혹은 서리태만큼 커진 것도 있다
둘이 얼싸안고 한 몸이거나
홀로 돌아앉아 웅크린 씨앗도 있다
허공은 농묵 담묵, 십인십색의 빗방울 못자리

툭, 툭, 후드득
허공에서 점점이 날리다 착지
능소화 벌린 꽃잎 속, 담장의 벌어진 틈새,
내려앉는 곳 어디에서나 싹을 틔워
온통 물빛 세상,

서세옥의 〈즐거운 비〉 속으로 걸어간다

천경자의 〈생태〉

얽히고설킨 녹갈색 뱀 뭉치,
얼싸안고 마주 보며 머리 맞대고 있다
꽈배기로 꼬인 두 가닥은 저만큼 위로 날아간다

시작도 끝도 알 수 없이 엉켰는데
기쁜 만큼 슬퍼지고
사랑하면 그만큼 또 미움이 생기니
애써 풀려 하지 않는다

뱀 서른다섯 마리,
실뱀이든 독사든 사이좋게 모여
삶의 한가운데에 똬리를 틀고 우글거린다
눈망울 초롱 하고 긴 혀를 날름거리며
소름 끼치도록 아름다운 생,
꿈틀꿈틀 일어선다

만선*의 기쁨

연분홍 도미, 노랑 전어, 시퍼런 고등어, 은백색 민어,
가득 실은 배가 항구로 들어와요
회갈색 등에 푸른 배, 자리돔도 보여요

머리를 하늘로 향하고 뻐끔거리거나
지느러미 날개로 뛰어오른 물고기들이 보여요
그중에 초록색 불가사리가
높이 날아올라 가장 먼저 별이 되었어요

불가사리별이 다섯 개의 팔로 하늘 한 자락을
주르륵— 끌어내렸어요
새벽, 검푸른 하늘 길이 열렸어요
물고기 영혼들이 줄줄이 하늘로 올랐어요

바다에서 뱃전에 걸쳐진 사다리를 타고
배에 오른 물고기들,
모두 하늘의 물고기자리 별이 되었어요

뒤집힌 지우산 두 개가 배 안에서 뒹굴어요
파도와 비바람이 험난했던 밤이었지요
생선을 가득 실은 배가 항구로 들어와요

* 천경자, 〈만선滿船〉 1971년.

장미 무덤

김구용 시인의 시 「장미와 철조망」을
X광선으로 읽는다
시인의 가슴에는 철조망이 둘러쳐 있다
"가슴속 장미는 철의 형극荊棘에 갇히어 피 끓는다"*
철조망 속에 장미꽃이라니,

장미꽃은 시인의 심장,
피 끓다가 철조망 가시덤불에
꽃잎이 찢겨 핏방울이 뚝뚝 떨어진다

가슴창으로 들어오는 빛을 향해
이리저리 가지를 뻗는다
장미꽃이 다시 겹겹이 피어나면서
마른 가지 구석구석까지 혈맥이 돈다

X광선이 통과한 가슴은 다시 어둠,
철조망 안에서 장미꽃은 신음한다
엄마의 코티분에서 나던 그 향기가

스멀스멀 철조망을 빠져나간다
향기를 내보낸 장미꽃은 이제 삭막한 무덤

X광선으로 다시 읽으니
장미와 철조망이 얼싸안고 춤추는 실루엣,
장미 무덤에 물을 준다

* 김구용, 「장미와 철조망」에서 인용한 시의 구절.

수박이 웃는다
— 신사임당 〈수박과 들쥐〉

잘 익었나
들쥐 두 마리가 땅에 뒹구는 수박을
주둥이로 콕콕 찍어보더니
아래쪽부터 야금야금 갉아먹기 시작한다

껍질이 벗겨지고 빨간 속살이 드러나
단물이 뚝뚝,
냄새를 맡고 호랑나비, 부전나비가 날아온다
들쥐 두 마리는 수박에 열중해
눈길도 주지 않는다

입 벌리고 웃는 수박 구멍,
파먹을수록 웃음소리가 커진다
들쥐의 아랫배가 불룩하도록
수박이 제 살점 다 나눠주어 껍질만 남았는데도
우하하하 —

그래서일까
수박을 수복壽福으로 읽는다지

에드바르 뭉크의 〈절규〉를 빚다
— 나고음의 도예 〈뭉크의 귀환〉

핏빛 하늘을 흙으로 빚었어요

흙을 만지는 손길마다 어둠이 따라다녔어요
둥글게 빚어서 구워냈더니
검붉은색 오지항아리가 태어났어요

햇빛 잘 들고 바람 잘 통하는 곳에 두었더니
불룩한 배에서 슬픔이 익어 가요
우묵한 품에서 두려움이 다 삭아 가요

부풀어 오른 풍선에서 바람 빠지듯
주둥이로 어두운 기억들이 다 달아나요
불안과 고통이 함께 따라나서요

이제, 귀 막고 힘껏 소리 지를 필요 없어요
기특한 주둥이에 진달래빛 립스틱을 발라주었어요
숨 쉬는 오지항아리, 가슴 답답하지 않아요

남관의 도깨비나라 2

생겼다 이지러지고 또 생겼다 스러지는
40명 도깨비들*,
청색 바다에 풀어 주었다
물거품을 크게 일으키더니 이내 잠잠,
모두 청색 바다가 된 줄 알았는데

밀물에 도깨비 하나 해안으로 밀려왔다
사슴뿔 솟은 도깨비가 모래밭에 누워 있다
누워있는 도깨비는 처음 보았는데
말갛게 씻긴 얼굴에선 청록빛 광채가 돌았다

모래 가슴에 돌아온 도깨비를 품으며
뿔 달린 인공지능과 접신했다
하늘에는 엽전 하나 떠 있었다
엽전 해에서 붉은 녹빛 햇살이 쏟아져
역사의 시대를 지웠다

* 남관, 〈내 마음에 비친 일그러진 상들〉 1981년.

물방울 ENS802*

검은 땅으로 내려온다

맺혔다 흘러내리다 공중제비 돈다
제 몸집보다 큰 그림자를 밑거름으로
뿌리내린다

물방울밭에서는 어떤 싹이 돋을까
천자문 모양의 이파리들이 다복이 펼쳐질까

동글게 야문 씨앗에는 믿음이 가지만
찌그러진 물방울에 더 마음이 머문다
쭉정이라도 괜찮다

상처투성이, 껍질만 남았다

* 김창열, 1980

손바닥 그림

대한광무 4년(1900년), 재금再金이 빚에 시달리다
열 살 딸 간난이를 500냥에 윤참판 댁에 노비로 팔았다*
가족을 노비로 판다는 자매문기自賣文記에
까막눈의 손바닥 도장을 그렸다

인도네시아 슬라웨시섬 마로스 동굴 벽에는
4만 년 전 사람의 손바닥 모양이 선명하게 남아있다
손가락을 쫙 벌려 바위에 대고 붉은 물감을 뿌려
손바닥을 찍어 냈다

아르헨티나 리오 핀투라스 동굴 벽에도
9300년 전 수많은 손바닥 그림이 남아있다

잭슨 플록은 작품 〈No. 1〉에서
물감을 흩뿌린 윗부분 오른쪽에 자기 손바닥을 찍었다
그가 그 자리에 있음을 보여준 것이다

나는 손도장은 어디에 찍어 볼까

출퇴근기록기, 도어락, 아이폰 단말기에
손가락 하나 갖다 대어
지문인식으로 나를 증명한다는데

오늘은 손가락을 벌려 양 손바닥을 허공에 찍어 본다

* 규장각한국학연구원 문서번호 230579.

고슴도치의 오이 서리
— 심사정의 『花蝶草蟲畫帖』 3면

고슴도치가 오이밭에서 도르르 굴러
등의 가시에 오이를 꽂았다
자기 몸집보다 긴 오이를 짊어지고
주둥이가 땅에 닿을락 말락, 머리를 들지도 못한다
조그만 발이 애처롭다

고슴도치는 오이를 썩 즐겨 먹지도 않는다는데

대역죄인의 자손이라
평생 벼슬길에 오르지 못한 자신의 운명을
고슴도치가 등에 지고 간다
스스로 제 발등을 찍은 슬픔이 무거워
조그만 발이 뒤뚱거린다

오이 넝쿨이 길게 뻗어 고슴도치를 따라온다
혹시 누가 아니,
가시밭 험한 길에
노란 오이꽃들이 넝쿨째 굴러들어 올지

오른쪽 화면에 살짝 보이는 맨드라미꽃을

머리에 꽂게 될,

그런 날 올 거야

별자리 책

밤하늘을 직사각형으로 오려 묶은
안젤름 키퍼의 〈별자리 책〉,
조금씩 펼쳐 세워놓은 책의 낱장에서
갈피갈피, 별들이 눈을 떠요

오리온자리에서는 장님이 된 사냥꾼의 눈물,
진달래가 서럽게 피어나요
큰곰자리에는 수명을 관장하는 목숨꽃,
북두칠성이 빛나요

누가 읽다가 반쯤 접어놓은 책장을 펼쳐요
돌배나무 별자리에서
주먹만 한 돌배 눈물이 우수수 떨어져요

이팝꽃 축제가 한창인 궁수자리,
수많은 별들로 대낮처럼 환해요

별자리 책을 뒤적이다 보면

어떤 낱장은 별도 꽃도 다 저버렸어요
새파랗게 질렸거나
죽은 고목의 둥치가 된 하늘이에요
전쟁 중이거나 펜데믹이 선언된 묵시론적 예언이지요

〈별자리 책〉을 한 장 한 장 넘기며
우주의 운행과 인간의 역사를 읽었어요

3부

푸른 하늘 은하까지

새 점占을 치다

마당에 쌓인 함박눈을 쓸다
목련 우듬지 위의 곤줄박이와 눈이 딱 마주쳤다
똘망똘망한 눈으로 나를 내려다보더니
하늘 향해 까만 부리를 열어 움찔움찔했다
그리고는 포르르 날아올랐다

후드득 눈송이들이 떨어졌다

내 앞까지 굴러온 눈송이는
곤줄박이가 하늘에 물어 보고
허공에서 뽑아준 64괘 중의 하나,
목련눈꽃송이를 조심조심 열어 보았다

"겸허하면 만사형통 하리라"
이보다 더 좋을 수는 없는데
이내 눈꽃송이는 내 손바닥에서 지고 말았다

눈 쓸어낸 자리에
복채로 찰보리쌀 한 줌 뿌려주었다

버력,

광석을 캘 때 금속이 섞여 있지 않아
버려지는 돌멩이
방파제의 기초를 만들 때 물속에 다져 넣는다

금 은 다이아몬드가 눈부시게 빛나도록
버려진 돌멩이, 버력이 스크럼 짜고
보이지 않는 밑바닥에서 세상을 받치고 있다

쓸모없음의 쓸모를 다 하는 자리에
나도 슬쩍, 끼워 줄 수 있겠니

달빛 돛, 햇빛 돛

작은 거룻배
돛이 없어 먼바다로는 못 나가요
부두에서 큰 배까지 사람과 짐을 날라요

엊그제는 밤새도록 노를 저었는데
그냥 제자리,
밧줄로 부두에 매여 있더라구요

하여, 돛을 만들기로 했어요
광목에 황토물을 들여 황포 돛을 올렸지요
순조롭게 나아가다
거센 비바람에 뒤집힐 뻔했어요

궁리 끝에
삼베에 치자 물을 들인 달빛 돛,
비단에 꼭두서니로 염색한 햇빛 돛,
숯가루를 옥양목에 입힌 별빛 돛,
날씨 따라 바꿔 달아 보았어요

어느새, 수평선을 훌쩍 넘었어요

우주까지 나아가

소행성 'GE2020'과 부딪힐 뻔하며

은하까지 건너가요

차마 못 한 말

갓난아기가 얼굴이 빨개지며
숨이 넘어갈 듯 기침을 해댔다
엄마가 전주 친정에서 산후조리 중이었다
의사가 다녀갔는데도 기침이 멈추질 않았다

서울에서 아버지가 와 보니 딸이 다 죽어 갔다
전주 구석구석까지 약방을 뒤져
백일해에 용하다는 수입 약을 구해 왔다
차츰 기침이 잦아들면서 펄펄 끓던 이마도 식었다
그 약은 서울에서도 사기 힘들던 시절인데
시골 약방에 있었다니 기적이라고 했다

절벽 사이를 썩은 나무다리로 건너던
50대 중반에 그 이야기를 들었다
땅이 꺼지도록 한숨을 쉬며
"그때 차라리 죽게 놔두지"하고 펑펑 울었다
울먹임이라 아버지가 못 들어 천만다행,
아니, 귀 밝은 아버지가 듣고도 모른 척한 듯

"아버지는 제 생명의 은인"

입관하기 전 아버지 귀에 대고 마지막 인사를 했다

대추나무 무지개 씨앗

어떻게 대추만 한 무지개가 땅에서 피어나는 것일까

흙빛 발우만 한 구덩이에서
대추나무 얼레빗으로 무지개가 피어났네
엄마가 가만 좀 있으라고 콕콕 뒤통수 쥐어박으며
두 갈래머리 땋아주던 그 얼레빗이네

봄이 와서
연둣빛 대추나무 싹이 쑥 올라와
무지개 이파리가 활짝 펼쳐졌네

자투리 천 조각을 모아
깨끼 바느질한 엄마의 무지개 조각보가 피어났네
먹장구름은 비켰거라
베갯모 이불보로 꿈길을 감싸주던
엄마의 조각보가 하늘에 걸렸네

방어기제

굴비 비늘을 긁다가 왼손 검지에 가시가 박혔다 닿기만 하면 아픈데 바늘 끝으로 살살 헤집어도 안 보인다 부추를 으깨 올리면 깊게 박힌 가시도 쏘옥 올라온다던데, 한 이틀 지나면 저절로 빠진다던 할머니 말씀을 믿어보았다 살갗이 가시를 밀어낸다는 거야, 정말, 가시가 언제 빠졌는지도 모르게 빠졌다 손가락 가시는 빠졌는데 마음속에 박힌 가시, 당신은 왜? 아직 거기서 나날이 커져 명치끝을 찌르나, 마음에는 가시를 밀어낼 살갗이 없나 보다

빈 상자들의 노래

밑창이 빠졌거나
팔다리를 벌리고 납작 엎드린 상자
크기대로 차곡차곡 포개진 상자
엉성하게 쌓아 굴러떨어진 상자
아침이면 편의점 문 옆에는 빈 상자들이 수북하다

"절대 던지지 마세요!"라고 쓰여있어도
거꾸로 들지 말라는 화살표,
젖음 주의 우산 스티커…
'취급주의' 표시로부터 완전히 해방이다

마침내는 나도 비워져
'취급주의'에서 풀려나는 그날,
몸과 마음의 뚜껑을 날개처럼 펼쳐 날아 보리

하루를 지우다

해질녘, 검은 고양이가 기와집 추녀마루에 앉아
엷어지는 빛을 바라본다
매직 아워,
빛과 어둠이 뒤섞이는 마법에 빠져 미동도 없다

이윽고, 검은 몸에 어둠을 덧입는다
검은 비닐봉지로 웅크리고 앉았다가
한번 반짝, 초록 눈동자가 불꽃을 튕기더니
검은 고양이가 통째로 사라진다

쓰레기 봉지를 찢어 생선 대가리나 뒤지고
야릇한 울음소리로 짝을 찾던,
후미진 골목 구석구석까지 뛰어놀던 그 고양이
걸식도 사랑도 방랑도 다 끝낸 시간

나의 하루도 어둠을 입고 지워진다

삽이 삽을 묻다

씨앗을 심으려고 구덩이를 파다
삽날 끝이 조각조각 부서졌다
구덩이 그대로 낡은 삽날 무덤,

좀처럼 상처가 나을 기미를 보이지 않아
가슴에 묻었다
가슴 그대로 상처의 무덤,
부서진 삽 등으로 토닥여 주었다

무덤인 줄 알았는데
저녁 노을빛 엉겅퀴꽃이 피어났다
삽이 분신을 묻으면서 흘린 눈물에서

가시투성이 꽃이 싹틀 줄이야

쌓으면 무너지고 무너지면 또 쌓았다

언제부터였을까, 내 안에도
큰 돌 작은 돌 모난 돌 둥근 돌이 쌓였다
그러다 작은 돌 하나라도 빠지면
와르르 무너졌다
쌓으면 무너지고 무너지면 또 쌓았다

한양도성 돌들의 틈새에서 민들레 홀씨가 날아가고
담쟁이는 푸른 댕기를 늘어뜨렸다
화살 겨누던 구멍에는 거미가 집을 지었다

메주덩이처럼 제멋대로 생긴 돌
옥수수알처럼 가지런한 돌
정방형 돌, 새로 쌓아 낯빛 하얀 돌들이
레이스 덧댄 치맛단을 흔들며
산등성이 따라 물결치며 올라간다

지킬 것이 없으니
무너질 성도 무너질 마음도 없다

루시Lucy의 진화

350만 년 전에 살았던 인류의 어머니,
루시의 인체뼈 모형 옆에 나란히 서 보았더니
루시의 키는 내 허리춤에서 조금 올라온다

루시의 가슴은 작은 새장을 닮았고
자궁은 활짝 펼쳐진 나비 날개 같다
이 나무에서 저 나무로 나무타기 하느라
빗장뼈가 약간 솟아올랐다

실은, 풍만한 젖가슴과 커다란 엉덩이를 가진
빌렌도르프의 비너스를 상상했었는데
고작 110cm의 키에 몸무게 29kg,
나비 날개 자궁에서 인류가 쏟아져 나왔다니,

에티오피아 하다르 사막에 살았던 루시는
나무에서 떨어지는 바람에 두 발로 걷기 시작했다
허리를 꼿꼿이 세운 직립보행의 힘으로
오늘날까지 잘 살아남았다

이제, 가상인간 '루시'로 모델도 되고
홈쇼핑 쇼호스트로 얼굴을 내밀며
몸값을 높이는 중

빗소리 새장

가을비가 내려요

하늘에서 땅까지
빗소리가 빈틈없이 금을 그어요

머리에서 발끝까지
주룩주룩 사정없이 방음벽을 둘러쳐요

하염없이 빗소리에 갇혀 있다가 보니
바와 비 사이에 작은 틈이 보였어요
눈꼽재기창이에요

스르륵 열려
이제, 먹구름 지나 푸른 하늘이에요
갇혔던 새장과 무한한 우주가
비와 비 사이, 그사이에 다 들어있어요

4부

흰모란꽃 종소리

추사秋史의 하늘

달은 어디로 숨었을까

흰 구름 연기가 피어오르는 저곳,
대나무 구름으로 감싼 화로에서 달이 끓고 있다
추사의 사랑채, 죽로지실竹爐之室

초의선사가 곡우 날 새벽에 딴 새순을 덖어 보낸
초의차를 우려내고 있다
마음도 함께 우러났으리

달은 보이지 않는데
달빛 다향茶香이 하늘 아래를 두루 적신다

이제, 그믐이다

한참을 그 앞에 서 있었다

머리부터 깃털까지 하얀 해오라기 한 마리
밤하늘을 날고 있다

빗물 적신 어둠을 신고도 양날개를 수평으로 펼쳤다
빗속을 뚫고 날아간다

부리를 아래로 향하고 어디로 가는가
밤낮을 가리지 않고 빗속을 날아가도
벼루 뚜껑 안쪽 하늘*,

먹물투성이 손거울만 한 하늘이라도 있어
쉬지 않고 날아갈 수 있는 해오라기,

나를 보듯,
한참을 그 앞에 서 있었다

* 담쟁이 울타리 무늬 벼루 상자[柴垣蔦蒔絵硯箱].

흰모란꽃 종소리

은퇴한 보신각종이
박물관 정원에서 쉬고 있어요

몸에 실금이 가서 소리가 예전만 못해서지요
제야의 타종식 때는 사람들이 구름처럼 몰려들었지요
마음 같아서야
산산이 부서질 때까지 울리고 싶었겠지요

종각 주위에 흰모란꽃이 무더기무더기 피어나요
소리내지 못한 종소리가
황금꽃술을 흔들면서 흰꽃잎을 타종해요
종소리가 흰모란꽃잎 속에 겹겹이 고여 있다
향기로 퍼져나가요

사나흘 풍성했다가
꽃잎 끝자락이 말리면서 종소리는 지고 말지요
향기의 여운에 가슴이 먹먹해져요

산뜻한 낙화,

소리 없이 무너져 내리는 종소리

땅에 떨어져 흙에 묻힐 때까지

하얀 여운 자락은 오래가요

해마다 5월이면

향기 머금은 흰모란꽃 종소리를 들을 수 있어요

연잎에 싼 잉어

산신을 만나러 가는 길,

복숭아 가지를 어깨에 걸머지고
연잎에 싼 잉어를 공손히 받쳐 든 동자가
울울한 소나무 숲을 걸어간다*

걸음걸이마다 연잎이 푸르게 넘실거리고
팔뚝만 한 잉어에서 물비늘이 뚝뚝 떨어지는데,

어찌, 산신이 나와 보시지 않겠는가

* 오일영(1890~1960), 〈봉래헌수도蓬萊獻壽圖〉, 1920년.

사슴 모양 뿔잔 토기

눈매가 천진한 사슴이 뒤를 돌아보며
“주인님, 제 등에 오르세요.”
쫑긋한 귀에, 뿔이 없어 더 착해 보이는 표정에
그만 끌리어
등허리에 내 영혼을 얹었다.

그러자,
나를 태운 사슴이 달리기 시작했다
엉덩이에 붙은 짧은 꼬리가
위로 들렸다가 내리치면서 속도가 더 빨라졌다
사슴 등 위의 V자 모양의 뿔잔이
날개로 펼쳐졌다

함안 말이산 정상, 아라가야의 45호 무덤에서
나를 태운 사슴 모양 뿔잔이 하늘로 날아올랐다
날개 달린 말, 페가수스 별자리가
오늘 밤에는,
날개 펼친 사슴 별자리로 보인다

이판사판

토종견 삽살개*가 짖는다
조선 시대 영조 때 화원 김두량의 세필洗筆 끝
한 올 한 올에서 컹 컹 컹

얼룩무늬 삽살개가 눈을 부릅뜬다
고개는 치켜들고
꼬리는 둥글게 말아 올리고
곧 덤벼들 듯 짖는다

먼저 덤벼들지 않으면
너의 억센 발톱에 내가 죽을 판
날카로운 이빨로
서로 물고 뜯던 노론 소론 당파싸움

예나제나 다름없어
오늘도 이리저리 발길 바쁜 정치 싸움판

* 조선 시대 화가 김두량(金斗樑·1696~1763)의 작품, 1743년.

禁標

갑곶돈대에는 67개의 비석들이 줄 맞춰 서 있다
그중에 큰 글씨로

禁
標

라고 앞면에 새긴 비석

"가축을 놓아 기르는 자는 곤장 백 대,
쓰레기를 함부로 버리는 자는 곤장 팔십 대"*
라고 비석 아래쪽에 작은 글씨로 쓰여 있다
조선 시대에는 자연을 훼손하면
중죄로 처벌했다니,

선정비가 모인 비석군에서
으뜸인 '禁標' 비석
지금이야말로 여기저기 세워야 되지 않을까.

* 1733년(영조9년) 세워진 강화유수부의 경고문, '放牧畜者杖一百 棄灰者杖八十'.

청자 미인

곱게 빗어
여덟 꽃잎으로 틀어 올린 가채 머리
앳된 갸름한 얼굴에 초생달 눈썹
가늘고 긴 목선이 흘러내려
조붓한 어깨
아리잠직한 상체에 잘록한 허리
그 허리를 받쳐주는
열두 폭 치마가 잘 익은 참외 모양으로 풍성하다
살짝 보이는 무지기 속치마* 밑으로
하얀 버선코가 보일 듯 말 듯,
내게로 걸어오시나

엷은 비취빛 향기가 그윽하게 감도는
청자 참외 모양 병.

* 조선 시대 상류층 여인이 예복을 입을 때 겉치마가 넓게 퍼지도록 3~5층의 허리를 달아 만든 속치마.

한강변 총석정

한강변을 빙 둘러 치솟는 아크로 총석정 벨트,
하늘을 찌른다

고내화高耐火, 고강도 철근콘크리트로 지어진다
벽면을 가득 채운 유리창들이 아른아른하다

총석정에 방 한 칸 들여보려고
파도는 안간힘으로 달려와 바위기둥에 몸을 부딪는다
오르지 못하고 흰 물거품만 요란하다

우후죽순 솟아나는 콘크리트 바위기둥,
그 꼭대기에 언제 해송 한 그루 심어 볼 수 있으려나
멀리 펼쳐진 수평선까지
망망대해에 끝없이 펼쳐지는 총석정 섬들

해치獬豸 가족

경복궁 근정전 섬돌, 월대에는
청룡, 백호, 주작, 현무, 쥐, 소, 호랑이…
돌짐승들이 빙 둘러 서 있거나 앉아 있다
모두 홀로다
눈 부릅뜨고 궁궐을 지키느라
어디 사랑에 한눈팔 틈이 있었겠나

계단 아래 남쪽 모서리에 해치만 가족을 이루었다
주먹코에 이빨을 드러낸 두 마리 해치 중에
암컷의 품에는 새끼가 안겨 있다
그 엄숙한 공간에서도 사랑하고 새끼도 낳았다

어미가 늙으면 새끼가 짖어 왜구를 지키라고
무학대사의 뜻으로 만든 가족상이라고 한다*
새끼는 세습 호위병?
너처럼 예쁜 애가 그 자리에 말뚝이라니,
멋대로 살게 돌 속에서 풀어주고 싶은데…

하늘을 올려다보니
아른아른 새끼 해치 구름이 북악산을 넘어간다

* 유득공, 『영재집15』「춘성유기春城游記」.

행운태*의 폭포 건너기

길이 끊어졌다
내 몸에 감겨 있던 명주실타래가 풀리면서
시간이 깨지는 소리가 귀청을 때렸다

나락으로 나락으로,
내 몸에 감겨 있던 생각이 풀풀 날아가고
벌려진 입에서는 쏴쏴, 물소리가 쏟아져 나왔다
품 안에 깃들었던 꼬마 벌새는 날아갔다

나락으로 나락으로,
명주실이 다 풀려 바닥,
내 몸에는 이제 실오라기 하나 남지 않았다
홀가분하고 가볍다

잠시 소沼에 고여 숨을 고른다
허공에 어른거리는 목어의 그림자가
멀리 은하의 바다를 내다본다.

* 실타래에 말아놓은 명태. 실타래 길이만큼 '복 받는다'는 의미가 담겨 있다.

무당거미 출타 중

무당거미집 주소는
강화군 강화읍 갑곶돈대 소포小砲, 포탄 구멍

점화하면 불을 뿜어낼 구멍을
촘촘하고 섬세하게 채운 반투명 레이스 집
좁지만 깊은 창고까지 갖추었다
걸려든 먹이, 거뭇한 솔방울 수류탄이
원통 어둠 속에 꽉 끼어있다

남들이 넘보지 않을 곳에
안전한 집을 지어놓고
무당거미는 어디로 간 것일까

집옥재集玉齋를 읽다

옥玉과 같은 귀한 보물,
4만 권이 넘는 책을 모았던 고종의 서재를 찾아간다
경복궁 제일 북쪽 끝까지 걸어가면
용마루 양쪽에서 청룡이 날아오르는 집옥재가 보인다
集玉齋 현판이 세로로 걸려 있다
북송 때의 서예가 미불米芾의 글씨를 집자했다

창호분합문으로 들어온 햇살이 어룽거리는
마룻바닥을 망연히 바라보다
보름달 모양의 만월창으로 후원을 내다본다
두 그루 소나무가 뒷벽에 나란히 그림자를 드리웠다
한 그루 둥치로 남은 서러움이 북받쳐
우물천장을 올려다본다
쌍용과 봉황의 날갯짓이 아무리 화려한들
그 길에 오를 수 있겠는가

답답한 마음에 툇마루로 나와 향원정香遠亭을 바라본다
때 지난 연이파리들이 목을 꺾은 채

바람에 흔들린다
향기는 저 멀리 달아난 모양이다

집옥재를 나온다
돌아보니 달개비빛 하늘을 바탕으로
팔작지붕 위에 북악의 봉오리가 터질 듯하다
집옥재, 마지막 페이지까지 다 읽었다

5부

부처님 주사위

박제천 선생님의 뒷모습

초여름, 연녹색 바람이 불던 유월
휠체어를 밀다 박 선생님의 뒷모습을 보았어요
야윈 목에 햇무리굽 다완으로 엎어진 머리,
뒷모습이라 표정은 알 수 없었지만
말쑥하고 단정했어요

문득, 휠체어가 꽃자리로 보였어요
분홍 연꽃송이와 푸른 연잎들이 깔린
연화대좌에 박선생님 앉은 모습 그대로
김홍도의 〈염불서승도念佛西昇圖〉로 펼쳐졌어요

시 한 수 읊으며 물결구름을 타고
서방정토, 노자의 블랙홀로 향하고 있어요
숨소리가 가빠지자
별들의 시계 문자판도 바빠졌어요
천마가 달리고 용이 날아다니는 하늘이에요

덜커덩, 휠체어 바퀴가 현관 문턱에 걸렸어요

"세게 밀어, 세게 밀어"

박 선생님은 연화대좌 그대로

늘 노래 부르던 노자의 블랙홀로 오르셨어요

그 블랙홀은 은하 삼만리*가 아니라

바로 내 마음 안 우주예요

* 박제천 『노자의 블랙홀』 p56.

섭동攝動*

어둠 속에 한 사랑을 만났네
버들잎 눈썹에 크게 흔들렸네
곧게 뻗어 내린 콧날에 마음을 베였네
살짝 비튼 유연한 허리에 담뿍 안겨
사정없이 무너져내렸네

1,400년의 시간을 훌쩍 넘어
바다를 건너 고향에 온 백제금동관음보살,
머리와 어깻죽지에 슬은 녹은 푸른 별로 돋아났네
금빛 몸체 패인 곳곳에 가시연꽃이 피었네

불꽃 보관은 아득히 높았지만
살며시 다문 입가에서 퍼져나간 환한 미소가
나를 사로잡았네
내 마음 창호는 달빛으로 물들었네

* 태양계의 천체가 다른 행성의 인력으로 말미암아 타원궤도에 약간의 변화를 일으키는 일.

깨진 종소리

2025년 3월 25일 새벽,
산불로 의성 고운사는 잿더미가 되었다
범종루가 무너져 내린 기왓장 더미에
범종만 덩그러니 놓여 있다

범종의 몸은 세로로 깨졌다
그 틈새로 종소리가 새어 나온다
네 마음속에 날뛰는 불부터 끄라고,
종소리가 흐느낀다

울음 종소리가 잿더미를 일으킨다
타버린 기왓장 속에서 괭괭이풀꽃 한 포기가
연보라꽃을 피워 낸다
쓰러진 숯덩이 소나무 옆이다

홀로 남은 범종,
56억 7천만 년 세월을 당겨 미리 오신 미륵불
종신 위에 비천상이 무릎 꿇고 공양 올린다

한결같이

— 미륵사지 출토 석조물

나이를 묻지 말아요
백제에서 조선 시대까지 석조물이 함께 모여 있어요

어디 출신이든 상관없어요
당간지주의 받침돌, 금당의 초석이었다고
잘난 척하지 않아요
석등의 불발기창, 석탑의 옥개석이었든
모두 앉았거나 누워있어요
어처구니가 달아난 맷돌이라고 얕잡아보지 않아요

모두 조금씩 깨지거나 부서져 있어요
나무쐐기를 박았던 흠집도 그대로 남았네요
온전한 것이 하나도 없어 참 평등해요
많이 다쳐 온몸을 칭칭 감아 동여맨 것도 보여요
상처투성이 내가 눕기 좋은 곳이지요

미륵부처님,
귀 떨어진 불상 대좌에 내려오실 때까지

56억 7000만 년 무량한 시간 동안을
눈비 즐겨 맞고 바람과 햇빛을 잘 견뎌야지요

동원 중원 서원 금당 터에서 세 차례 베풀어질
미륵부처님의 설법을,
여기, 용화산 아래 미륵사지터에서 함께 기다려요

경주 남산 할매부처

“할머니 왜 거기 계세요?”
바위굴 속에 할머니가 앉아 있다
틀어 올린 머리에 두른 수건이 귀까지 내려왔다

살짝 부은 눈두덩과 둥근 얼굴,
구부정한 어깨가 영락없는 외할머니,
소매 속에 들어가 있는 두 손에는
나를 주려고 말랑말랑한 곶감이라도 감춘 것일까
주름 많은 치마 속으로 숨어들기 딱 좋겠다

허리춤에서 지폐 서너 장 꺼내
내 손에 꼭 쥐어 주던 외할머니,
바위 속이라 그늘진 표정이었는데
동지 햇살처럼 몸과 마음을 낮추고 나서야
입가에 설핏하게 번지는 미소를 볼 수 있었다

경주 남산 북쪽 기슭에서
‘경주 할매 부처’라고 불리는 마애여래좌상을 만났다

보석사리 만화경
— 피브라와 스투파 출토 사리*

꽃다지 별꽃아재비 안개꽃 냉이꽃 흰색 재스민
씻은 진주 꽃들

산수유 보리수 꼭두서니 산초나무 마가목
금쪽 열매들

단지 안에 부처님 사리와 함께 들어있던
작고 아름다운 보석들
별사탕도 보인다

부처님 사리의 무설설 무법법[無說說 無法法]에
눈 떠지고 귀 열려
싹트고 넝쿨 뻗고 잎 틔운다

보석 금단추 조약돌도 사리가 된 만화경

* 기원전 240~200년경, 아소카왕이 스투파를 증축할 때 더한 보석으로 부처님의 사리와 함께 안치돼 있어 그와 동등한 위상을 갖고 있다.

미륵불의 뜰에서
— 청양 장곡사 괘불

연분홍 벚꽃 비가 흩날리는 날

석가모니불께서 칠갑산 깊은 골짜기로 나투셨지요
보관을 쓰고 구슬과 장신구로 장식하고
불, 보살님들과 함께 오셨어요
이름표에는 '미륵존불'이라 적혀 있네요

가만히 괘불을 올려다보기만 했는데
타임머신을 타지 않고도
석가모니불의 뜰에서 미륵불의 뜰로
훌쩍 건너왔어요

오랜 옛 시간과 아득한 앞날이 이곳에서는
한순간이에요
석가모니불의 뜰인 동시에 미륵불의 뜰이에요
저도 이곳에 함께 살지요

부처님 주사위

남산 칠불암에서 석가삼존불 바위병풍을 두르고
4면에 부처님이 새겨진 사방불로
주사위 놀이를 했다
던지면, 부처님
넘어져도 부처님이 나온다

누구든 내 멱살을 잡아 집어던지면
동쪽, 약사여래불이 아픈 곳을 다 고쳐 준다
세상일에 치여 이리 쓰러지고 저리 넘어져도
남쪽, 북쪽의 부처님이 얼른 일으켜 준다
숨을 거둘 때도
서쪽 아미타불이 손을 잡아주리

남산 봉화골은 부처님 일곱 분으로 가득 찼다

포대화상, '약샤yaksha'

인도 신화에서 자연에 깃든 정령,
약샤의 연꽃 모자는 화수분 단지
동전이 차르르, 물처럼 쏟아져 내린다

짧은 다리와 불룩 나온 배가
산타클로스 포대화상과 꼭 닮았다
포대화상은 장나감 사탕 과자를 포대에 지고 다니다
아이들에게 나누어주었는데
약샤는 모자에서 동전을 쏟아 준다

포대화상의 포대에는 번뇌 망상이라는 짐도
함께 들어 있어
짊어졌다 내려놓았다 했다
약샤의 연꽃모자에서도
황금 동전과 지고 갈 짐이 함께 쏟아진다

무거운 짐이 따라올 줄 알면서도
돈이 최고인 시대

나도 포대가 터지도록 동전을 담았다

스투파의 장식 조각 약샤가 부처님 사리를 지킨다

강산무진, 발원

장곡사 금동약사여래좌상*에서는
복장유물로 10m가 넘는 발원문이 나왔다

몽골 침탈기라는 어려운 시대 상황 속에서
왕족에서부터 일반 백성까지 참여해
약사여래에게 귀의하고
개인의 장수와 나라의 태평을 기원했다

"오색실에 이름을 묶어 뜻을 이룬 후 풀겠습니다."
"글을 못 쓰니 이름만 남기겠습니다."
"남자로 태어나게 하소서."
"두 살배기 어울진이 장수하기를 바랍니다."
"다음 생에는 명의名醫로 태어나게 해주소서."
"부처를 잘 그리는 화사畵師가 되고 싶습니다."

삐뚤빼뚤, 나도 한 줄 새겨 넣었다
"다시는 이 세상에 태어나지 않게 해주세요."
칠백 년 전의 발원이 오늘까지 끝없이 이어진다

이제, 금동약사여래,

복장 속, 무거운 짐 다 꺼내놓고

날아갈 듯 홀가분해지셨다

* 1346년(고려 충목왕 2)에 제작된 고려 후기의 유일한 금동약사불상.

메타버스 야단법석

공주 신원사 괘불을 올려다보았어요

노사나불이 양 손바닥을 어깨높이로 올리자
부처님의 가르침이 오색 빛 물결로 퍼져나가요
빛 물결 속으로 보살과 사천왕이 들어와요
빛 물결을 잡고 십대제자,
빛 물결을 타고 천인과 타방 보살들이 날아들어요

350년 전, 신원사 마당에 새까맣게 모여든 불자들은
빛의 끄트머리라도 잡아보았겠지요

오늘 서울 전시장에서 저도 빛 물결에 빨려
'대영산회탱' 속으로 들어갔어요
한순간, 영취산에서
노사나불, 보살, 제자, 사천왕, 천인들과 함께 있어요
저는 월광보살이 품고 있는 달 속에서
토끼가 되어 절구에 불사약을 찧고 있네요

그동안은 불상 점안식 때 얻은 오색실을
지갑 속에 무심코 넣고 다녔어요
이제야 알겠네요
언제 어디서나 부처님 가르침을 듣는 끄나풀이라는 걸

열암곡 마애부처님 바로 모시기

쪼그리고 앉아 고개를 푹 숙여야
오뚝한 콧날과 기다란 귀, 도톰한 입술,
쓰러져 바닥에 닿을 듯 엎드린 부처님이 보인다

바위 무게를 힘겹게 견딘다고 생각했는데
바위는 머리와 몸 전체를 감싼 전신 광배,
그 원력으로 코끝 하나 다치지 않았다

세상의 가장 깊은 곳까지 헤아리는 부처님,
엎드린 모습 그대로 마음속에 모신다
조심, 조심 살아가야
부처님 코와 땅 사이의 5cm를 보존할 수 있겠다
시절 인연이 무르익으면
바위로, 무위로 돌아가실 마애부처님

이미 5cm 기적을 보여주셨는데도
'경주 남산 열암곡 마애부처님 바로 모시기 천일기도'
현수막과 연등이 바람에 춤을 춘다

능소화빛 노을이 지다
— 김여정 선생님을 추모하며

선생님, 지금 청옥빛 하늘에
구름 문양과 별꽃 스팽글들이 영롱한 시를 쓰고 계시지요
남겨진 숙제 하시느라 여전히 바쁘시지요

"시인은 죽을 때까지 현역이어야 한다"
고 하셨던 선생님,
네 자녀의 어머니, 30년 동안 수많은 제자를 길러내시며
치열하게 시를 쓰셨지요
열다섯 권이 넘는 시집과 시선집, 수필집들을 발간하셨지요

1969년, 사인해 주신 시집 『화음』을 받고
단발머리 여중생은 얼마나 기뻤던지요
"그건 꽃망울 버는 소리
그건 연잎자락에 물방울 구르는 소리—"
밤새워 읽은 첫 시집, 첫 문학 수업으로
시의 씨앗을 심어 주셨어요

세상의 흐름 따라 떠밀려 살던 제가

이십 년 만에 첫 시집을 들고 찾아뵈었지요
늦깎이 등단을 축하해 주시리라 잔뜩 기대했는데
웬걸, 대뜸 큰 목소리로 나무라셨어요
"제대로 공부도 안 하고 가정주부가 이제야 시를 쓰냐,
이 땅에는 시인이 너무 많아."
저는 귀까지 빨개져 쥐구멍이라도 찾고 싶었어요

그날, 막국수를 사 주시며 『해연사』를 건네주셨어요
「새벽 바다」에서 「아득한 하늘」까지 날아 보다
「눈물의 우주—해연사 예순여덟」까지 보고 말았어요

> 너는 커다란 눈물 방울
> 가슴의 작은 문 하나만 열어도
> 넘치는 바다가
> 엎어져
> 퍼렇게 갈라진 등을 보이는
> 눈물의 우주이다.
> 너 눈물새는.

거칠 것 없는 화술과 호탕한 웃음으로
늘 좌중을 압도하셨던 선생님이신데
겉모습과는 다른 속내, '눈물의 우주'를 읽으며
마음 한구석이 아려왔어요

〈시인들이 뽑는 시인상〉(2003년) 인터뷰를 위해
하남시 창우동 동부아파트를 방문했지요
정년퇴직한 후 '하남문인협회'를 창립하여
초대 회장으로 활동 중이셨어요
보랏빛 벌개미취꽃 향기가 코를 간질이는
잘팍잘팍한 둑길을 선생님과 걸었지요
늦가을이지만 푸르게 우뚝 서 있는 검단산,
제게는 선생님이 바로 검단산이었어요

버스를 태워 주고 내리는 곳도 다시 일러주며
안 보일 때까지 손을 흔들어 주셨어요
선생님에게 저는 아직 어린 중학생이었지요

〈김여정 팔순 기념 시선집 출판기념회〉(2012년) 때
「이제는 섭섭한 것도 아름다워라」를 낭송했어요
그 이후에는 차차 청력을 잃고 보행이 불편해지셔
문학 모임에서는 뵙기 어려워졌어요
팔순 출판기념회가 바로 엊그제 같았는데
큰따님 유한나 시인이 어머니의 구순을 기념해
모녀 시선집 『풀꽃 목걸이』(2022년)를 엮었어요
감히 축사를 쓰게 된 저는 이렇게 축하드렸지요

"나에게 있어 문학은 '올레길'이요 '차마고도'라고 말씀하신 대로
쉬지 않고 걸어오신 삶과 문학의 길을 계속 가시어 우리의 마음을
보듬어 주시고 건강하시길 두 손 모아 기원합니다"

작년 8월(2023년), 편도선암으로 투병 중인 선생님께서
특별히 제게만 방문을 허락하셨어요
저를 보자마자 하신 첫 말씀,

"야, 늙은이가 죽고 싶다는 말은 다 거짓말이야,
나는 더 살고 싶어"
수척해졌지만 우렁우렁한 목소리는 여전하셨어요

지난 3월(2024년), 한 번 더 찾아뵈려 했는데
멀다 하시며 따님을 만나보라 하셨어요
대학로에서 만난 따님, 유한나 시인 손에는
본인 시집 『바람개비 도는 꽃길 언덕에 서 있네』와
한국여성시인 시선집 『너를 위한 노래』가 들려 있었어요
김여정 김후란 신달자 유안진 최금녀 허영자 선생님들의 시를
따님이 엮었으니 대단하지요
선생님께서 꼭 밥 사주라고 점심값을 주셨대요
그날, 세상에서 제일 맛있는 회덮밥을 먹었어요

5월 15일(2024년) 스승의 날,
무심한 제자가 선생님의 병세가 위중해진 줄 모르고
카톡으로 한가한 소리만 늘어 놓았아요

하트 세 개와 함께 보내온 메시지에
그만 가슴이 먹먹해졌어요
병원인데 우편물이 쌓일 것을 걱정하셨어요
문학단체 몇 군데에 우편물 거절을 부탁하셨어요
김여정 선생님과의 마지막 교신이 될 줄이야,

6월 3일(2024년) 김여정 선생님 카톡,
임종실로 옮겼고 근일 내 영면에 드실 것 같다는
며느님 메시지였어요

6월 4일(2024년) 선생님을 배웅하러
강동경희대학교병원 장례식장으로 향했어요
여전히 고운 모습의 영정사진이 웃으며 맞아주셨어요
담임 반 중학생으로의 인연이 훗날까지
이어지기를 바라며 선생님의 시 「인연」을 떠올렸어요
사랑의 햇풀 무성한 선생님 가슴에
천년을 시들지 않을 「풀꽃 목걸이」를 걸어 드렸지요

능소화 꽃이 피고
능소화 꽃이 지고

계속 또 지고 피는

그 그칠 줄 모르는 절절한 그리움
그 지칠 줄 모르는 끝없는 기다림

능소화 빛 노을 앞에 선
내가?

하늘 저 멀리 외기러기 한 마리
아득히 사라지고 있다.

선생님의 시 「능소화」로 작별 인사를 드렸어요

하늘 달동네로 이사 가다
— 송태옥 시인을 추모하며

구름안개 자욱한 밤하늘에
「화룡점정」으로 "내 안의 달"을 깨운 송태옥 시인이
어둠을 맑고 밝게 비추며 깊고 깊게 흘러간다

2024년 8월 1일 송 시인의 안부 문자를 받았다
"무더운 8월 건강 조심하고 9월에 만나요."
그러더니 8월 5일 훌쩍 떠났으니, 영 믿기지 않았다
'청람회'는 제자로서 '청출어람靑出於藍'하지 못하면
스승에 대한 예의가 아니라며
박제천 선생님께서 목요 워크샵에 지어 주신 이름
청람회는 박 선생님 떠나시기 하루 전까지
그 이후로도 송 회장의 열의로 매달 모였다

2024년 칠순을 맞은 송 시인은 3월에
신앙시집 『포근한 나의 성령님』을 출간했고
또 한 권의 신작 시집 준비 과정에서
포근한 그 품에 그만 안겨 버렸다

1997년 방산사숙에서 송 시인을 처음 만났다
우리는 오랜 세월 함께 공부해 텔레파시가 통하는지
길거리에서도 우연히 잘 마주쳤다
중앙박물관 앞에서 간송미술관 입구에서
김연 시인 전시회가 열린 인사아트 플라자에서
박 선생님 타계 1주년 추모전시회장 코트를 찾아가다가—
이제 어디에서 또 만날 수 있을까

《시문학》으로 재등단한 시인은
첫 시집 『내 마음의 화음』에서 상처가 사랑이 되는 힘을,
두 번째 시집 『내 열쇠 속 달동네』에서는 상처를 아우르는
"화해의 한마당 잔치"(박제천 시인)를 벌였고
세 번째 시집 『빛나되 눈부시지 않아』에서는
찰나생 찰나멸하는 삶의 본질에 대한 성찰과 연민으로
더욱 원숙해진 시 세계를 보여 주었다

시인은 4녀 1남, 6대 독자 오빠 밑에 태어난 막내딸,
소나무가 울울하고 학이 놀았다는

산골짜기 송학동松鶴洞 달동네에서 자랐다
4학년 때 담임 선생님이 신문사 백일장에 추천해 준 계기로
시인이 되리라는 꿈을 꾸었다
현재는 아파트단지로 재개발되어 『내 열쇠 속 달동네』는
시인이 열어주기만을 기다린다.

폐활량이 정상인의 50%도 안돼서
아무리 바빠도 천천히 걸을 수밖에 없다는 송 시인,
중학교 교사로 재직하다 진로상담부장으로 명예퇴직하고
본격적으로 시를 쓰기 시작했다
권사인 시인은 교회 찬양대원으로 개근이다
한복을 차려입고 해금 연주를 들려주기도 했다

구상솟대문학상 특별상, 푸른시학상, 한국시문학상을 수상했다
2015년에는 서울문화재단기금을 받았다고
밤 12시에 내게 제일 먼저 문자로 알려 왔다
내 일처럼 기뻐 축하해 주었는데 잠이 오지 않았다

한국시문학상 수상 인터뷰를 하느라(2021년)
마스크 탈을 쓴 처용(?), 송 시인과 덕수궁에서 만났다
산수유가 노랗게 봄의 밑그림을 그리기 시작한 뜨락에서
노닐며 한나절을 보냈다
무욕의 천진한 시인 옆에서 저절로 눈과 귀가 트이고
마음이 맑아지는 시간이었다

> 내 안에 스쳐 지나가는
> 슴슴하니 먼 자욱
> 빈 하늘 빈 새를
> 오늘도 나는 가졌다 잊었다 한다.
> ―「새의 형상」 마지막 연

수문장 교대의식인 취타대의 북소리에 놀랐는지
단풍나무 우듬지에서 새 한 마리가 후드득 날아간다

■ 작품론

마음으로 그리는 세계

마음으로 그리는 세계

김효숙(문학평론가)

주경림의 시집 『하늘 별자리 정원사』의 '시인의 말'을 여러 차례 읽었다. 이 시집에서 시인이 전하고자 하는 말의 요약본과 크게 달라 보이지 않아서다. 눈을 감으면 비로소 사랑을 나누는 세상을 마음으로 보기 시작한다면서 시인은 "괴석 한 덩이"를 그 마음에 들여놓는다고 적는다. 이것을 일컬어 "다시 꿈꿀 수 있는 자리"라고 말하는 그의 마음에는 이미 시집 한 권이 들어 있다. 마음을 탐구하는 철학이 있기 전부터 이 세계의 시인들은 마음에 붙들린 자로서 그 향방을 따라 시를 지었으나 정작 자기 마음의 자리를 알 수는 없었다. 그러나 주경림 시인이 마음을 '다시 꿈꿀 수 있는 자리'라 적는 바로 그 순간부터 마음은 새로운 개념을 얻고 다시 태어난다. 그것이 언어 사전의 정의가 아닌 시적인 정의여서 우리는 이 한 권의 책을 비로소 시집이라 여기게 된다.

과학은 마음의 위치를 정확하게 찾아내고자 하는 학문이다. 뇌 중심으로 마음을 연구해 온 전통적인 시도들은 사유·의식 등 모든 심적 과정이 뇌 안에 존재한다고 보았다. 그러나 시인은 마음의 위상을 알고자 하는 차원을 넘어 마음 작용에 따라 수시로 변하는 세계를 대면한다. '시인의 말'에서 시인이 괴석 한 덩이를 마음의 자리로 지정했을 때 우리는 이것을 과학적 사고에 따른 행위라 여기지 않는다. 크기가 올망졸망한 돌이나 이상야릇한 모양의 돌을 떠올리며 입가에 번지는 웃음을 의식하는 일. 이것이 우리의 마음이 하는 일이다.

뇌와 가슴이라는 위치가 과학과 시를 나누는 장소가 될 때, 뇌는 서양식 관념과 사유의 근간이 된다. 그러나 시는 시인의 말에서 밝히고 있는 것처럼 가슴과 마음을 포개어 놓고 생동하는 생명성을 전한다. 뇌에 머문 관념의 형태를 풀어 생명의 말로 만유를 살려내면서 어느 것 하나 생명의 대열에서 소외시키지 않는다. 괴석이라는 마음의 자리에서 말을 하는 시인의 목소리를 따라가노라면 시인에게서 생명을 얻은 온갖 사물들이 크기나 미추에 상관없이 자기만의 표정을 지니고 있음을 알게 된다.

주경림 시인은 우리 고유의 정신을 서정적인 언어에 새겨 넣는다. 활달한 상상력과 편안한 언어 운용이 가져다주는 즐거움의 이면에는 간과할 수 없는 의미의 지점이 있다. 또한 현대성과 서양 정신을 일치시키는 발상을 물리고 고유의 정신을 담아내면서도 전통 문법에 매이지 않는다.(주경림은 시와 접목한 현대향가를 쓰면서 옛것을 소외시키지 않고 지금 여기로 불러내어 이 시대인의 언어로 단장해 내놓는 시인기도 하다.) 이 같은 작업들이 한낱 복고풍 정서를 환기하는 데 그

치지 않는 이유를 시인이 이 시대에 살아 있다는 감각으로 시를 쓰는 작업에서 찾을 수 있다.

아울러 주경림 시인은 별자리를 관리하는 꿈도 많고 사색도 풍성한 자칭 정원사다. 자신의 정원에서 찰나에 변하는 만유를 품어 안고 우주까지 달려갈 수도 있고, 솔방울을 막대기 끝에 매달고 별자리 속으로 그것을 밀어 올려 마음의 별을 만드는 마법의 화신이 되기도 한다. 이처럼 활달한 상상력으로 시인은 세계의 주인이 되고, 꽃 한 송이에서 우주를 발견하는 견자가 되기도 한다. 이 시집에 담긴 시인의 마음은 어디든 도달할 수 있고, 무엇이든 할 수 있는 자유의 모습으로 우리에게 당도한다.

1. 아주 작은 것의 우주

시는 열정의 언어일 수도, 그 열정을 다스려 은근히 오래도록 온기가 스며 나오게 하는 언어일 수도 있다. 하지만 열정은 안전하게 관리하기가 어렵고, 정점에 달하면 연소하여 사그라드는 운명을 지닌다. 여일하게 뜨거운 온도를 유지하기 어려운 열정의 프로그램은 언제나 정점을 향하여 화력을 높인다. 그러나 열정을 다스릴 줄 아는 시인은 불덩이 같은 그것을 갈무리하여 은근히 오래도록 은은한 빛을 발하게 한다. 다음 시에는 주경림 시인이 추구하는 시 세계가 집약되어 있다.

제라늄이 겨우내 베란다에서 잠자더니
봄볕 한 가닥에 실눈을 뜨고
누런 잎 사이로 연두 꽃봉오리를 내민다

꽃대를 길게 뽑아 올리며 두리번거리더니
연분홍을 살짝 머금는다

숨이 멎을 것 같다

…(중략)…

"그대가 있어 행복이 있네"

—「제라늄 시론」 부분

붉은 제라늄과 연분홍 제라늄의 대비로 시론이 탄생하는 순간이다. 꽃대에 매달린 연두색 꽃봉오리가 연분홍빛으로 색채를 바꾸는 찰나 "숨이 멎을 것 같"았다는 전언에는 시인이 보아 낸 이 세계의 비밀이 숨어 있다. 행복이라는 추상이 분홍 제라늄이라는 실재로 현현하는 여기서 시인의 지향이 읽힌다. 잠을 자듯 조용한 시인의 언어가 "봄별 한 가닥에 실눈을 뜨"는 이때 한 줄의 언어가 당도한다. "그대가 있어 행복이 있네"라는 제라늄의 꽃말이 그것이다. 시가 오는 순간의 고요한 떨림, 긴장된 경이로움을 이

꽃말에 담아 하나의 시론을 구축하고 있다. '그대'라는 이름으로 시인에게 와 행복을 안기는 '시'의 은은한 빛깔이 그의 숨을 멎게 할 정도다.

뿐이겠는가. 주경림 시인은 사소해 보이는 꽃 한 송이에서 우주를 발견하는 감각으로 마음의 우주를 광활하게 펼쳐놓는다. 실눈을 뜨고 보는 세계라 할지라도 그것이 협소한 범주의 것이 아님을 시사한다. 작은 꽃 한 송이가 순차적으로 피어나는 순간을 시계태엽이 풀리는 모양을 따라 묘파하면서 봄에서 가을까지 지상의 가장 낮은 자리에 머무는 꽃의 생태를 자신과 동일시하기도 한다(「태엽이 천천히 풀리는 시계, 꽃마리」). 이는 세 계절을 품고 피어나는 연약한 "꽃마리"처럼 자신도 낮은 자세로 시간을 겸허히 풀어쓰고 있노라는 고백일 테다. 작고 연약하여 부실해 보이는 생명체, 강렬하고 번듯한 것들에 밀려 존재감이 희박한 생명체가 정작 "발밑"에 있음을 시사하는 이 시를 읽으면서 우리는 자신의 발밑에 맹인임을 자각하게 된다. 그 작은 꽃잎 속에 "좀생이별"이라는 우주가 놓여 있다고 시인이 말하고 있어서 크기를 따지는 일의 쓸모없음을 알게 된다.

이처럼 주경림의 시는 보조관념은 표면에, 원관념은 그 이면에 둠으로써 천천히 의미를 파악하게 한다. 꽃마리를 이야기하는 것 같으나 정작은 시계라는 원관념을 제시하거나, 오목눈이와 선인장의 관계가 궁극에는 부성으로 도약하는 시(「여기는 안전지대」)를 들 수 있겠다. 주경림의 시가 아무리 짧은 형식이라 할지라도 함량이나 무게를 따져 저울질할 수 없는 이유가 여기에 있다. 우리가 만든 규준에 따라 가치를 판별하는 잣대를 거둬들이고 우주적 혜안으로 만유를 맞아들이는 시인의 마음은 깊이와 높이를 지움으로써 가능한 세계 읽기의 방식이라 할 수 있다. 평등한 지평에 놓인 만물의 내면을 탐사하는 시언어를 따라가다 보면 우리의 마음도 어느새 광활한 공간에 닿게 된다. 그러므로 이 시인에게 열정이란 은근히 온기를 풀어 쓰는 과정의 연속성을 말하며, 모든 미소한 존재자들은 시인의 상상력이 광대한 우주로 가는 통로라고 말해야 한다.

2. 곁의 존재자, 그리고 풍자의 미학

전통적인 가족 개념이 와해하는 현시대에 가족 이야기는 어떤 의미가 있을까. 그럴수록 주경림 시인은 사회적 단위의 기초가 되는 가족의 면면을 챙겨 보고 있다. 사람이 모여 사는 곳이라면 어디든 분란이 생기기 마련이지만 천륜으로 얽힌 관계를 다시금 환기하는 시인의 의식 속에는 급변하는 시대에도 불변하는 가치들이 저장되어 있다. 부성애, 부부애, 그리고 어쩔 수 없는 유아 위탁 상황에서 대신 모성을 발휘하는 경우를 들면서, 위태로운 가족관계를 생각해 보게 한다. 「여기는 안전지대」에서 "선인장"은 아버지의 은유, "오목눈이"는 자식의 은유다. 우리는 선인장의 품에 안긴 작은 새의 위태로운 모습을 연상하게 되지만, 시인은 선인장의 가시가 "삼엄한 경계"의 표징인 점으로부터 부성을 이끌어낸다. 선인장 가시가 아기 새를 안은 것에 그치지 않고 그 가시가 적의 범접을 불허하는 은유로 기능한다. 주경림 시의 진정성은 이러한 역발상의 미학을 펼치는 데서도 여실히 드러난다.

「엔젤피쉬 순애보」는 죽음까지 이어지는 부부애를 시화한다. 다함이 없는 부부애를 죽음으로 완성했다는 말은 낭만적으로 들리기 십상이다. 그런데 시현실에서의 죽음이 바로 그 부부애를 말하고 있다면 여기에 우리의 의식과 감정을 잇댈 여지가 있다. 부부는 아내-남편의 관계성으로 성립하는 것이어서 어느 한쪽의 죽음 뒤에 남겨진 존재는 이 같은 관계 구도에서 외톨이로 남게 된다. "물고기도 자살한다?" 이 의문문은 산란관이 막혀 암컷이 죽은 후 "물멍을 때리"다 죽은 수컷과 관련한다. 인간의 어법대로라면 이 물고기는 아내의 죽음 뒤 식음을 전폐하다가 물 바깥으로 투신해 죽은 남편이다. "특식 냉동 장구벌레도 본숭만숭"하다 "물 밖으로 뛰쳐나오면 죽는" 것임에도 수컷은 이 같은 결단을 한다. 어류의 생태로 인간 부부의 사랑을 이야기하는 이 시를 지나 다음 시에 이르면 자신의 알을 "뱁새의 둥지에 슬쩍" 넣은 뻐꾸기의 슬픔을 마주하게 된다.

뻐꾸기가 울면 피는 붉은 보라꽃, 뻐꾹채
와룡산 양지바른 풀밭에서 만났어요
뱁새의 둥지에 슬쩍 알을 밀어 넣고
제 자식을 제 손으로 길러보지 못하는 슬픔인가요

베이비 박스에 갓난아이를 버리고
멍든 가슴에서 가슴털을 한줌 뽑았어요
그 가슴털로 꽃의 밑동을 감싸 안고
울 아기 주먹만 한 꽃을 피워냈어요
저, 탐스러운 꽃송이가 뻐꾸기 눈물

수류탄 꼭지가 빠져 터져버린 발화,
뻐꾹뻐꾹, 애만 태우다
봄이 가요

—「뻐꾹뻐꾹 뻐꾹채」 전문

'베이비 박스'는 아이를 양육하기 어려운 형편 때문에 아이를 맡겨 놓는 곳을 뜻한다. 유기와 위탁 사이에 있는 이 장소가 모성의 시험대처럼 보이는 것은 '남의 둥지'라는 타자성 때문이다. 시현실에서 뻐꾹채는 어미의 윤리가 담긴 꽃의 이름으로 시인에게 호명된다. 꽃의 밑동과 꽃송이의 이미지를 선연히 밀어 올리는 장면에서 뻐꾸기의 슬픔은 바로 그 꽃송이의 형상처럼 보인다. 꽃망울과 뻐꾸기 눈물의 유사성으로 어미의 슬픔을 말하면서, 개화한 꽃송이를 받치는 것이 자신의 가슴에서 쥐어뜯은 털이라는 발상으로 극한의 고통을 표상하고 있다. 어미와 아비의 정체성을 바탕으로 가족 형성이 가능한 제도에서라면 어느 한 쪽의 결락만으로도 온전치 못한 가족 구도를 이루게 되면서 자녀에게는 '결손'이라는 외상을 내면화하게 한다. 그 상처가 온전히 자녀에게 전가될 뿐만 아니라 언제까지고 어미 아비의 눈물 속에서 용해되지 않은 채 흘러내리는 아픔인 점을 이 시는 전한다.

다음 시에서 시인은 보다 더 진전된 가족 개념을 녹여내고 있다. 제도에 포섭된 혈통의 속성을 날카롭게 풍자하면서 사회로까지 의식을 확장한다. 이는 자아의 범주에 머물지 않는 작가의식의 소산으로서, 희망을 가질 수 없는 한 가족의 불행과 아픔에 동참하는 시인의 마음 씀이 잘 드러나는 부분이다.

> 고슴도치가 오이밭에서 도르르 굴러
> 등의 가시에 오이를 꽂았다
> 자기 몸집보다 긴 오이를 짊어지고
> 주둥이가 땅에 닿을락 말락, 머리를 들지도 못한다
> 조그만 발이 애처롭다
>
> 고슴도치는 오이를 썩 즐겨 먹지도 않는다는데
>
> …(중략)…

오이 넝쿨이 길게 뻗어 고슴도치를 따라온다
혹시 누가 아니,
가시밭 험한 길에
노란 오이꽃들이 넝쿨째 굴러들어 올지

—「고슴도치의 오이 서리」 부분

이 시를 읽으면서 웃음을 머금지 않는 이가 과연 몇이나 될까. 첫 연부터 고슴도치가 오이 서리를 하는 장면을 우스꽝스럽게 묘사한다. “즐겨 먹지도 않는” 오이, 자신의 몸집보다 긴 오이를 등의 가시에 꽂아 놓고 뒤뚱뒤뚱 걸어가는 짐승의 모습이 눈앞에 선연하다. 이 연출자가 “도르르 굴러/ 등의 가시에 오이를 꽂았다”는 묘사 부분부터 슬금슬금 웃고 있던 우리는 2연에 이르러 급격히 어리둥절해진다. 연좌제에 묶여 꿈을 펼쳐보지 못한 가족의 비애를 “대역죄인의 자손”이라는 표현에서 읽게 되면서 웃음 뒤에 여운으로 남는 것은 시인의 풍자 정신이다. 마지막 연에서 낙관적 전망을 함으로써 시의 긴장도와 탄력이 느슨해지는 감은 있으나, 이 같은 처지에 놓인 이가 가질 수 있는 전망이 이것밖에 없다는 점에서 이는 필요불가결하고 유일한 처방이라 할 수 있다. 이와 더불어 읽어볼 시 「이판사판」은 정치의 장을 향한 발언이다. “먼저 덤벼들지 않으면/ 너의 억센 발톱에 내가 죽을 판”인 ‘개판’ 같은 정치의 풍자가 가능한 것은 어제나 오늘이나 변하지 않는 정치의 속성에 기인한다.

3. 문화를 반영하는 시 쓰기

간접 경험이 한 편의 시가 되는 경우는 이 시집에 제법 흔하다. 몸을 움직여 사회로 나아갔을 때의 직접 경험만 시의 소재가 되는 것은 아니다. 시 이전에 경험한 음악·그림·영화·책 같은 텍스트가 시인의 정신을 지원하기도 한다. 오감으로 만나는 온갖 현상들이 시의 소재로 채택되므로 이 같은 문화 장르를 배제하는 것이 더 어색한 일이다. 즐김의 문화가 다양해진 현대를 사는 시인이라면 누구보다 예민한 감수성으로 그것을 만날 것이다.

이 시집의 2부에 실린 시들이 이 점을 반영한다. 여행지에서 본 해골탑, 이중섭의 그림, 신사임당과 서세욱의 한국화, 김구용의 시, 천경자·김창열·뭉크의 그림, 남관의 추상화, 동굴 벽에 찍힌 태곳적의 손바닥 음각, 심사정의 산수화, 안젤름 키퍼의 저술 등으로부터 시의 주제를 이끌어 내고 있다. 이는 문화 장르를 상호텍스트로 하여 주제를 강화하는 기법이라 할 수 있다. 서로 거울이 되어 주는 삶과 죽음(「"우리가 한때는 너희였고 너희는 곧 우리다"」), 가난하지만 행복한 가족 공동체(「길 떠나는 이중섭 가족」), 사랑과 미움의 얽힘(「천경자의 〈생태〉」), 부정적 감정을 다스리는 묘약(「에드바르 뭉크의 〈절규〉를 빚다」), 온전치 못한 것에 마음이 기우는 이유(「물방울 ENS802」) 등. 갖가지 경험을 녹여내는 방식이 상호텍스트로 이뤄지고 있다. 이는 현대시의 경향 중

하나를 주경림 시인이 적극 활용하고 있음을 입증한다. 경험이 시가 되는 이치를 따르자면, 다양한 문화 경험을 하며 일상을 누리는 현대의 시인에게 이 같은 발상은 지극히 자연스러운 일이다. 그중 한 편만 예시해 본다.

갑곶돈대에는 67개의 비석들이 줄 맞춰 서 있다
그중에 큰 글씨로

禁
標

라고 앞면에 새긴 비석

"가축을 놓아 기르는 자는 곤장 백 대,
쓰레기를 함부로 버리는 자는 곤장 팔십 대"*
라고 비석 아래쪽에 작은 글씨로 쓰여 있다
조선 시대에는 자연을 훼손하면
중죄로 처벌했다니,

선정비가 모인 비석군에서
으뜸인 '禁標' 비석
지금이야말로 여기저기 세워야 되지 않을까

—「禁標」 전문

이 시에서 지난 시대와 지금의 문제의식은 상호 거울의

기능을 한다. 시인은 "비석"에 새겨진 문구가 전하는 생태 문제를 지금 여기의 의제로 다루고 있다. "가축을 놓아 기르는 자는 곤장 백 대,/ 쓰레기를 함부로 버리는 자는 곤장 팔십 대"라고 쓴 비문이 과거를 넘어 현재로 이어진다. 옛 사람이나 지금 사람이나 동일하게 문제적 지점을 공유한다. 비석은 전통적인 오브제이지만 거기에 새겨진 글을 텍스트로 이 시대의 생태 문제를 간접 환기하는 작법이다. 어떤 이는 통제된 사회의 일면을 읽고 가고, 또 다른 이는 무심하게 지나칠 것이나, 주경림 시인은 어제의 문제를 오늘의 그것으로 연결하는 예리한 감식안을 지녔다.

정치를 잘했다는 칭송으로 가득한 "선정비" 일색인 비석들 틈에서 발견한 "금표" 비석. 요컨대 금지령을 새겨넣은 이 비석이 유난히 시인의 눈길을 잡아끌었을 테다. 어제의 일을 지나간 것으로 돌려 망각하기 일쑤인 이들에게 그것이 바로 오늘의 일이기도 하다는 점을 일깨운다. 어제의 "자연"이 오늘의 그것으로 이어지도록 작동한 금지령이 강제 조항이었음이 "중죄"라는 기표에 실려 있다. 자연은 자연대로 인간은 인간대로 자기의 영역을 점하고 생명을 유지하는 것이 자연의 질서라면, 인간이 자연을 침탈하고 소유하는 것은 인간 중심의 질서라는 사실. 이 점이 예나 지금이나 변하지 않는 보편적 가치임을 이 시는 전한다.

4. 상처를 다독이는 마음의 시학

인간은 누구나 삶이 있을 동안에 이 세계에 거하는 존재자다. 삶을 죽음으로 달려가는 과정으로 본 하이데거가 말하였듯이 죽음은 삶에 깃들어 있어서 그 경계를 우리가 다 알지는 못한다. 그런 까닭에 우리의 삶 속에 침투된 죽음을 수시로 느끼면서 삶과 죽음의 접경을 밟는 운명을 지닌다. 「불탄 모과나무」에서 주경림 시인은 죽음이 곧 삶이고, 삶이 곧 죽음이라는 인식을 얻었음을 고백한다. 벼락 맞은 모과나무가 "무성했던 줄기의 절반을 잃"고, "둥치는 시커먼 빈속"이 되었으나, 그 모습이 "어떤 풍설도 견딜 수 있는 블랙홀" 같다고 말한다. 상흔으로 얼룩진 수령 300년이 된 나무 그 자체의 아름다움과 존재감을 두고 벼락은 차라리 축복이었다고 말하는 시인의 내심에서 죽어도 살고 살아도 죽는 존재자를 우러르는 마음을 읽을 수 있다.

여행자의 감각이 녹아 있는 시 「"우리가 한때는 너희였고 너희는 곧 우리다"」도 같은 맥락에서 읽을 수 있다. 로마의 지하 납골당에 새겨진 문구를 제목으로 차용한 이 시에서 "우리"는 "해골"이고, "너희"는 살아 있는 자, 즉 이 해골을 바라보는 여행객을 일컫는다. 산 자는 죽음을 딛고 살아 있을 뿐이고, 삶의 끝에는 죽음이 있다는 전언이 여기에 있다. 하지만 주경림 시인은 죽음을 놓고 절망과 우울의 메타포를 고민하는 시인이 아니다. 그의 시는 대개

밝은 기운을 품고 있으며, 그것을 은근히 발산하거나, 비상하거나, 도약하는 과정을 보여준다. 다음 시에서 매미의 탈피 과정은 비상과 갱신의 은유다.

배롱나무 둥치에 걸려있는 매미옷 한 벌,

튀어나온 눈, 짧은 더듬이, 둥근 머리
꽁지의 주름까지
가느다란 다리, 발, 발톱까지 속속들이 다 벗었다

단추도 지퍼도 없는 옷을 벗으려니
등을 찢을 수밖에,
혼자서 제의祭儀를 치르고 어둠과 결별했다

등을 찢고 얻은 날개도 귀하지만
흙 속을 기어다니던 발을 벗고
하늘로 올랐을 매미의 깨끗한 발을 생각하면
매미의 울음소리는 시원한 소나기 한줄기,

소나기에 푹 젖어버린 내 헌 옷도 한 벌 한 벌 벗는다

—「깨끗한 발」 전문

매미가 벗어놓은 옷을 매우 치밀하게 묘사하고 있다. "다리, 발, 발톱까지 속속들이" 자신의 형상대로 본을 뜬 듯한 매미옷에 시인은 마음을 심어 놓는다. 그가 느끼는

경이로움이 특히 발에 머무는 이유에 주목하게 한다. 흙 속에서 칠 년을 살다가 지상으로 올라와 비상하게 된 매미에게 달린 아주 작은 발을 문득 발견하게 되지 않았을까. 누구도 그토록 세심히 그려내지 못할 앙증스러운 발 모양을 보는 순간에 시인이 공감했을 껍질 벗기의 아픔("단추도 지퍼도 없는 옷을 벗으려니/ 등을 찢을 수밖에"), 그 뒤를 잇는 우화등선의 경지에 대한 경이로움이 이 시에 담겨 있다. 삶의 과정에 필연인 상처와 아픔에 예외인 자 없고, 그 아픔에 매몰되어 헤어나지 못하는 자도 있으나, 매미는 등을 찢어 껍질을 벗는 아픔을 통과한 뒤에 하늘로 날아오를 수 있었다는 전언. 이 같은 삶의 자세가 그대로 하나의 거울이 되어 우리에게 작용할 수 있음을 이 시는 보여준다.

이렇게 하찮아 보이는 미물이 인간의 고통을 투영하여 성찰할 수 있게 하는 힘을 지닌 것은 시인에게 그 점을 발견케 하는 능력이 있기에 가능한 일이다. 수직적 위계와 계층 구조 속에서 살아가는 우리로서는 그 누구도 예외 없이 쓸모를 따지는 현실과 마주해야 한다. 상층부의 목소리만 크게 들리는 사회에서는 매미처럼 소란스럽기만 한 존재자는 입을 닫도록 강제된다. 그러나 바람직한 사회는 아롱이다롱이 개성을 지닌 개인은 누구나 평등하고 존엄하다는 인식에 공감하는 이가 많은 곳이다. 시인은 다음같이 하찮은 돌멩이 하나도 유심히 보아 둔다.

광석을 캘 때 금속이 섞여 있지 않아
버려지는 돌멩이
방파제의 기초를 만들 때 물속에 다져 넣는다

금 은 다이아몬드가 눈부시게 빛나도록
버려진 돌멩이, 버력이 스크럼 짜고
보이지 않는 밑바닥에서 세상을 받치고 있다

쓸모없음의 쓸모를 다 하는 자리에
나도 슬쩍, 끼워 줄 수 있겠니

—「버력」 전문

"쓸모없음의 쓸모"를 말하는 이 시는 시인의 또 다른 시론으로 읽어도 좋을 듯하다. 쓸모와 가치를 따져 효용성을 앞세우는 사회에서는 배제되는 돌멩이들. 첫 행과 둘째 행에 "버력"의 사전적 정의를 시인이 적었듯이 이는 금속이 섞여 있지 않다는 이유로 버려지는 돌멩이를 이른다. 그러나 하찮아 보이는 이것이 정작 "보이지 않는 밑바닥에서 세상을 받치고 있"다는 점을 시인은 소중히 여긴다. 물질 가치에 침윤된 박약한 정신으로는 돌멩이를 가치 절하하게 되지만 존재 자체의 소중함에 착안할 때는 이것이 달리 보인다.

시인은 만유의 존재 이유에 값을 매기지도, 쓸모를 따지지도 않는다. 도리어 그 대상에 눈길을 주고, 그것이 놓인

자리가 아주 낮은 곳이라는 사실을 알며, 그곳에서 묵묵히 존재를 감당하는 미물을 대신하여 말을 한다. 심지어 자신이 그 대상과 동류가 되어 봄으로써("나도 슬쩍, 끼워 줄 수 있겠니") 가장 낮은 자리에서 세상을 떠받치는 힘의 정체를 알고자 한다. 시인의 이러한 태도는 세상과 투쟁하는 인간에게는 환영받기 어려운 것이다. 나약한 관조의 자세는 자신을 패배자로 만들 것이기에 그렇다. 그러나 시인은 말이 없는 것, 미약한 것, 작은 것에 눈길을 주고 대화를 나누며 자기화한 언어로 그 내용을 적어 나간다.

이런 시인이기에 "비와 비 사이에 작은 틈이 보"(「빗소리 새장」)이지 않을 리 없다. 빗소리에 갇혀 지낸 시간을 "새장"의 은유로 들려주는 시에서 시인은 "비와 비 사이에"서도 틈을 보아낸다. 거기에 변함없이 "푸른 하늘"과 "무한한 우주"가 있건만, 지금까지는 줄기차게 내리는 '비' 현상에 갇혀 그 너머를 보지 못한 것이다. 눈앞의 현상에 주목하는 근시안인 인간이 먼 것을 보아 낼 때 새장의 은유는 해방을 위한 장치로 전환한다. 이는 자유의 감각을 지닌 시인이 관여하여, 눈앞의 현상에 갇혀 맹인처럼 살아가는 자신을 발견하게 되었을 때에야 가능한 일이다. 부자유스럽고 막막한 현실을 비관하며 우울에 갇혀 지내는 이에게 보내는 이 메시지는 그 너머에 엄연히 존재하는 광대한 세계를 떠올려 볼 것을 권유한다.

살아 있다는 감각을 지닌 이라면 누구나 자신의 삶에 상처가 필연인 점을 승인하게 된다. 타자는 관념으로만 만나는 대상이 아니기 때문이다. 타자와의 만남은 각자의 고유성을 드러내는 신체의 다가감으로 이뤄진다. 상대를 향하여 나아가고, 만나고, 헤어지는 과정에서 얼룩진 상처를 갖가지 감정을 섞어 전달하는 시를 보더라도 그렇다. 첫 만남의 설렘과 기쁨을 영원히 간수할 능력을 잃어버린 사람에게 시인은 나직이 목소리를 건넨다. 비교하며 읽기에 맞춤인 두 편의 시를 읽어보자.

굴비 비늘을 긁다가 왼손 검지에 가시가 박혔다 닿기만 하면 아픈데 바늘 끝으로 살살 헤집어도 안 보인다 부추를 으깨 올리면 깊게 박힌 가시도 쏘옥 올라온다던데, 한 이틀 지나면 저절로 빠진다던 할머니 말씀을 믿어보았다 살갗이 가시를 밀어낸다는 거야, 정말, 가시가 언제 빠졌는지도 모르게 빠졌다 손가락 가시는 빠졌는데 마음속에 박힌 가시, 당신은 왜? 아직 거기서 나날이 커져 명치끝을 찌르나, 마음에는 가시를 밀어낼 살갗이 없나 보다

—「방어기제」 전문

씨앗을 심으려고 구덩이를 파다
삽날 끝이 조각조각 부서졌다
구덩이 그대로 낡은 삽날 무덤,

좀처럼 상처가 나을 기미를 보이지 않아

가슴에 묻었다
가슴 그대로 상처의 무덤,
부서진 삽 등으로 토닥여 주었다

무덤인 줄 알았는데
저녁 노을빛 엉겅퀴꽃이 피어났다
삽이 분신을 묻으면서 흘린 눈물에서

가시투성이 꽃이 싹틀 줄이야

—「삽이 삽을 묻다」 전문

앞의 시는 "마음속에 박힌 가시"를 타자화하여 당신이라 부른다. 뒤의 시는 부러진 삽날이 묻힌 땅을 마음에 빗대어, 자기 가슴에 묻어 둔 상처와 더불어 피어나는 꿈과 기대, 그리고 희망을 이야기한다. 살갗에 박힌 가시는 뽑아내면 그만이지만, 마음속에 박힌 가시는 뽑아낼 재간이 없다. 마음을 격동케 하는 원인이자, 보이지 않기에 간수하기도 어려운 가시를 마음에 두고 살아야 하는 화자에게 가시와 삽날은 외부로부터 온 타자적 속성을 이른다. 그러나 이것이 종단에는 외부의 타자가 아닌 내부의 동거자로서 함께 지내야 하는 상황에 이른다.

여기서 시인은 아픔을 아픔으로만 받아들이지 않고 의미의 도약을 시도한다. 행여 자신이 다치지 않으려면 가시와 삽날을 동시에 돌보아야 하고 이것이 결국 자기 돌봄의 자세라는 점을 시사한다. 그가 다독여 땅에 묻은 것은 씨앗만이 아니다. 구덩이를 파다 부러진 삽날까지 함께 다독여 묻어 줌으로써 씨앗과 삽날이 더불어 살아가도록 환경을 조성한다. 이 시를 마음을 다스리는 일로부터 시작한 자기 돌봄의 시로 읽는 건 여기에 연유한다. 이 같은 비움의 자세는 텅 빈 마음의 상태를 말하는 것이 아니다. 타자라는 불편을 공존으로 전환하는 태도에는 이것을 견뎌내면서 점차 단단해지는 삶의 비밀이 숨어 있다. 이 문장 "긴 장마와 땡볕을 견디며 단단해진 것일세"(「불가사리 꽃자리」)에서 기후의 비유들이 의미하는 견딤과 단련이 바로 그것이다.

『하늘 별자리 정원사』는 맑은 감수성으로 이 세계를 대면하는 시인의 자세를 읽을 수 있는 시집이다. 청량하면서도 울림이 깊은 서정으로 가까이는 지상의 생명체들, 멀리는 하늘의 별자리까지 시인의 상상이 가닿는다. 투쟁하는 삶에 지쳐 위안이 필요할 때 우리의 마음을 다독이는 시언어가 별자리처럼 가득한 시집이다. 가장 낮은 자리에서 만나는 생명체들과 교감하게 하고, 때로는 "솔방울 달린 지팡이로 별자리를 새로" 그리는 상상적 현실 속에서 꿈을 꾸게도 한다. 타자를 자신 안으로 안아 들이는 포용의 자세에는 우선 마음의 빈자리가 필요하다. 더불어 타자에게서 입은 화를 화로 갚지 않고 복으로 바꾸어 갚아 주는 일(「갈대 손, 복조리」)이 이어져야 한다.

주경림 시인은 인간의 삶에 관여하지 않고 언어로만 부유하는 시를 경계하면서 삶이 자신에게 가르쳐 주는 진실을 바탕으로 시를 쓴다. 자신이 겪은 일이 시의 소재가 되고, 이것이 경험적 진실이 되면서 공허한 말의 자리는 사라진다. 시인이 그것을 언어로 붙잡아 우리에게 선사할 때, 마음만으로 그리는 세계는 한순간에 나타났다 사라지는 환영에 불과하게 된다. 여기에 주경림 시의 매혹이 있다

시인선 061

하늘 별자리 정원사

인쇄일 2026년 01월 05일
발행일 2026년 01월 12일

지은이 주경림
펴낸이 문병구
편 집 채 들
디자인 쏠트라인
펴낸곳 불교문예출판부

등 록 제312-2005-000016호(2005년 6월 27일)
주 소 03656 서울시 서대문구 가좌로2길 50
전 화 02) 308-9520
이메일 bulmoonye@hanmail.net

ISBN 978-89-97276-83-7 (03810)